Estados de la materia

Cómo cambia el agua

por Jim Mezzanotte

Consultora de lectura: Susan Nations, M.Ed., autora/tutora de
alfabetización/consultora
Consultora de ciencias y contenido curricular: Debra Voege, M.A., maestra
de recursos curriculares de ciencias y matemáticas

Please visit our web site at: www.garethstevens.com
For a free color catalog describing Weekly Reader® Early Learning Library's list
of high-quality books, call 1-877-445-5824 (USA) or 1-800-387-3178 (Canada).
Weekly Reader® Early Learning Library's fax: (414) 336-0164.

Library of Congress Cataloging-in-Publication Data available upon request from publisher.
Fax (414) 336-0157 for the attention of the Publishing Records Department.

ISBN-10: 0-8368-7402-1 – ISBN-13: 978-0-8368-7402-0 (lib. bdg.)
ISBN-10: 0-8368-7407-2 – ISBN-13: 978-0-8368-7407-5 (softcover)

This edition first published in 2007 by
Weekly Reader® Early Learning Library
A Member of the WRC Media Family of Companies
330 West Olive Street, Suite 100
Milwaukee, WI 53212 USA

Copyright © 2007 by Weekly Reader® Early Learning Library

Editor: Gini Holland
Art direction: Tammy West
Cover design and page layout: Charlie Dahl
Picture research: Diane Laska-Swanke
Translation: Tatiana Acosta and Guillermo Gutiérrez

Picture credits: Cover, title, © John Noble/CORBIS; pp. 5, 9, 13, 17 Melissa Valuch/© Weekly Reader
Early Learning Library; p. 6 © Scientifica/Visuals Unlimited; p. 7 © Nada Pecnik/Visuals Unlimited;
p. 10 © Adam Jones/Visuals Unlimited; p. 11 Kami Strunsee/© Weekly Reader Early Learning Library;
p. 12 © John Gerlach/Visuals Unlimited; p. 15 © Dr. John D. Cunningham/Visuals Unlimited; p. 16
© Science VU/GSFC/Visuals Unlimited; p. 18 © Kennan Ward/CORBIS; p. 20 © David R. Frazier/
PhotoEdit; p. 21 NASA Goddard Space Flight Center

Printed in the United States of America

1 2 3 4 5 6 7 8 9 10 09 08 07 06

Contenido

Cubierta y portada: En esta fotografía se ve agua en forma de líquido (mar), de sólido (hielo) y de gas (nubes).

Capítulo uno

Agua en movimiento

¿Alguna vez has tenido que quedarte en casa en un día lluvioso? La lluvia puede estar cayendo durante horas. Parece que nunca va a dejar de llover. ¿De dónde sale esta lluvia, y adónde va?

La mayor parte del agua de la Tierra no permanece en un sitio. Fluye en los ríos hacia los océanos. Sube hacia el aire, donde forma nubes.

El agua cae de las nubes en forma de lluvia y nieve. No para de moverse entre el aire y la superficie de la Tierra. Este movimiento recibe el nombre de **ciclo del agua**.

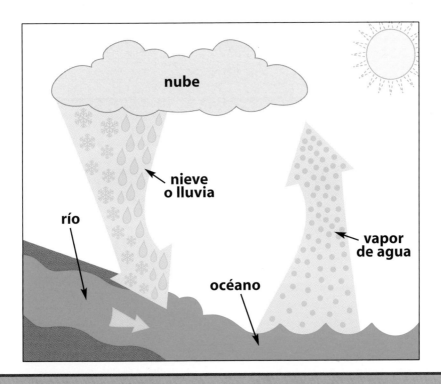

nube

nieve o lluvia

río

vapor de agua

océano

El ciclo del agua de la Tierra nunca cesa. Durante parte del ciclo, el agua líquida se convierte en vapor de agua.

El agua es un tipo de materia. ¿Qué es la materia? La materia es cualquier cosa que ocupa un espacio. Es todo lo que te rodea.

Las montañas y los océanos son materia. También lo es el aire que respiramos. Las plantas y los animales son materia. Las personas también lo somos. Casi todo lo que existe en el universo es materia.

Estas olas en el océano son materia. Son agua líquida.

Una tormenta no es más que una parte del ciclo del agua.

La materia puede tener diferentes formas, o estados. Puede ser un **sólido**. Puede ser un **líquido** o un **gas**. Los sólidos tienen forma propia. Los líquidos y los gases no la tienen. Puedes ver los sólidos y los líquidos, pero no puedes ver la mayoría de los gases.

Es posible encontrar agua en los tres estados. El agua puede ser un sólido, un líquido o un gas. La nieve y el hielo son agua sólida. Los océanos son agua líquida. El agua se puede convertir en gas. Recibe el nombre de **vapor** de agua. No puedes verlo, pero está en el aire. Todos estos estados forman parte del ciclo del agua.

Capítulo dos

Hacia arriba

El calor hace que el líquido se **evapore**, es decir, que se convierta en gas. Después de una tormenta, los charcos de agua parecen desaparecer.

¿Qué es lo que hace que desaparezcan? El sol los calienta. Los charcos se convierten en vapor de agua. No puedes ver el vapor de agua, pero está en el aire.

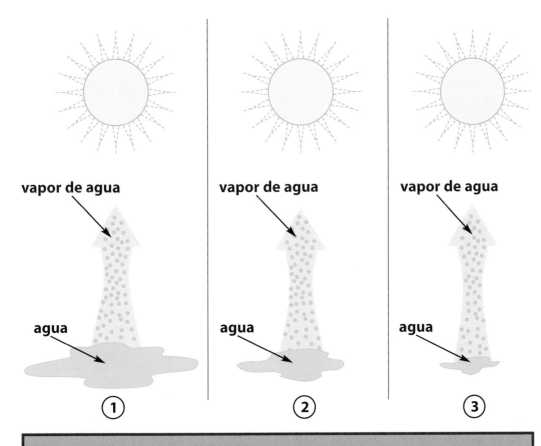

Con el calor del sol, un charco se convierte poco a poco en vapor de agua. Este gas sube en el aire. Después de un rato, todo el charco se ha convertido en gas.

El sol calienta los océanos. En la superficie de los océanos, el agua se evapora. El agua también se evapora en lagos, charcas y ríos. Cuando el agua se evapora, se convierte en vapor de agua.

Con el calor del sol, parte del agua de los océanos se evapora.

Las plantas producen vapor de agua. Sus raíces extraen agua de la tierra. El agua viaja hacia las hojas. Las hojas tienen unos agujeros muy pequeños. El sol calienta las hojas. Después, el agua se evapora desde estos agujeros.

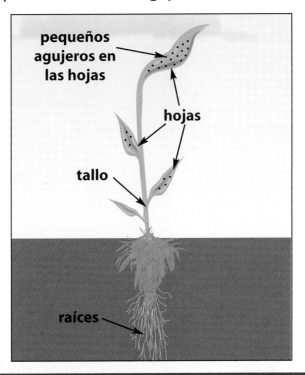

En las plantas, el agua sube desde las raíces. Después, sale de las hojas como vapor de agua.

En el aire hay siempre vapor de agua. La cantidad de agua en el aire es la **humedad**. En un día caluroso, es posible que sientas que la ropa se te "pega". La humedad es alta. Hay mucha agua en el aire.

¿Alguna vez has visto rocío en la hierba? El frío hace que el gas se **condense**, es decir, que se convierta en líquido. El vapor de agua se suele enfriar por la noche. Se convierte en gotas de rocío. A veces, el vapor se enfría mucho y se forma la **escarcha**.

Las gotas de rocío sobre esta flor son vapor de agua que se ha convertido en agua líquida.

El sol calienta el vapor de agua. El vapor sube en el aire. A mayor altura, se enfría. Se condensa y se convierte en diminutas gotas de agua. Las gotas flotan en el aire. Forman las nubes.

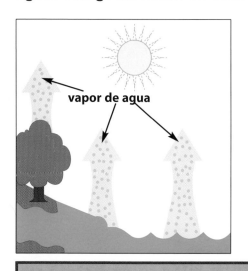

vapor de agua

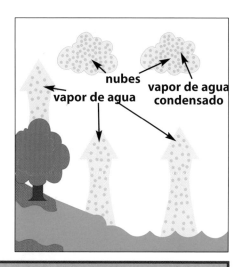

nubes
vapor de agua
vapor de agua condensado

Cuando el vapor de agua se calienta, sube en el aire. Después se enfría, convirtiéndose en gotas de agua. Estas gotas forman nubes.

PRUEBA ESTO: Llena un vaso con cubos de hielo y agua. Ponlo cerca de una ventana soleada. Espera diez minutos. ¿Ves gotas de agua en las paredes del vaso? El cristal frío enfrió el vapor de agua del aire caliente. El vapor se condensó en las paredes del vaso.

Capítulo tres

Hacia abajo

Las nubes pueden enfriarse. Entonces, las diminutas gotas de agua se unen y forman gotas más grandes. Estas gotas son más pesadas. No pueden flotar en el aire. Caen en forma de lluvia.

A veces, el vapor de agua se enfría mucho. Entonces se forman copos de nieve. La lluvia y la nieve reciben el nombre de **precipitación**.

Las precipitaciones caen en océanos y en la tierra. Parte del agua se vuelve a evaporar, pero otra parte no se evapora. La que cae sobre la tierra, ¿adónde va?

El agua de esta tormenta irá a diferentes lugares cuando caiga sobre la tierra.

Parte del agua fluye por la superficie del terreno. Son las **aguas superficiales**. Estas aguas fluyen hacia charcas y lagos. Fluyen en arroyos y ríos. Los ríos fluyen hacia los océanos.

Los ríos llevan a los océanos el agua de las tormentas. Esta fotografía de satélite muestra un río de Rusia. El río se divide en muchas direcciones cuando llega al océano Ártico.

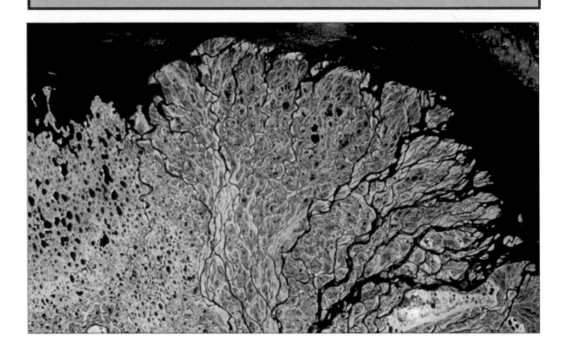

El agua también penetra bajo la tierra. Son las **aguas subterráneas**. Parte de ellas se filtra hasta llegar a una capa de roca bajo el terreno. Esta capa tiene espacios huecos. El agua llena esos espacios.

Esta agua puede permanecer en el mismo lugar durante años. También puede salir a la superficie, creando un **manantial** o un lago. O puede viajar bajo tierra hasta llegar a un río.

espacios
huecos

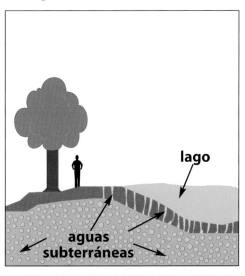

lago

aguas
subterráneas

Durante una tormenta, parte del agua se filtra en el terreno. Penetra a bastante profundidad hasta alcanzar una capa de roca. Esta capa tiene espacios huecos donde el agua subterránea se acumula.

La nieve suele permanecer sobre el terreno. Como hace frío, se derrite lentamente.

Algunos lugares muy fríos tienen **glaciares**. Los glaciares son ríos de hielo. Se mueven muy despacio. Sólo se derriten un poco, incluso cuando el tiempo es caluroso.

Este glaciar está en Alaska. ¡En un glaciar hay un montón de agua helada!

Capítulo cuatro

El agua y la vida

Hay agua por todas partes. También la hay dentro de ti. Más de la mitad de tu cuerpo es agua. Necesitas agua para sobrevivir. Todos los seres vivos la necesitan.

El agua del océano es salada. No te serviría para sobrevivir. Tienes que beber agua dulce, que no tiene sal. La mayor parte del agua de la Tierra es agua salada. ¿Cómo conseguimos agua dulce?

El ciclo del agua nos proporciona agua dulce. ¿Qué pasa cuando el agua salada se convierte en gas? El vapor sube, pero la sal se queda. La lluvia y la nieve siempre son de agua dulce.

La Tierra tiene mucha agua. ¡Pero nunca tendremos más! Los **residuos contaminantes** llegan al agua. Hacen que no sea segura para los seres vivos que la consumen. Debemos proteger el agua de la Tierra.

Para sobrevivir necesitamos agua dulce. La que vemos aquí es parte del lago Mead, un lago artificial.

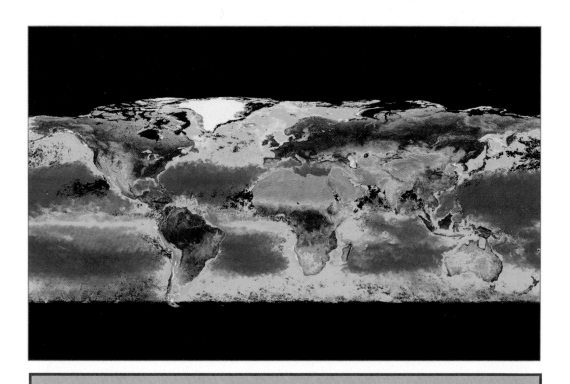

Esta fotografía se compone de muchas fotografías tomadas desde el espacio. Puedes ver los azules océanos de la Tierra. ¡El agua es una parte importante de nuestro mundo!

El ciclo del agua no se detiene nunca. El agua se convierte en gas. Se forman las nubes. Caen la lluvia y la nieve. Los ríos devuelven el agua a los océanos. Después, ¡el ciclo vuelve a empezar!

Glosario

aguas subterráneas — aguas acumuladas bajo el suelo, en la tierra o en capas de rocas

aguas superficiales — aguas que fluyen por la superficie del terreno

ciclo — serie de cosas que ocurren una y otra vez, en el mismo orden

ciclo del agua — movimiento del agua (como lluvia o nieve) desde las nubes a la tierra y de nuevo a las nubes (como vapor de agua)

condensar — convertirse un gas en un líquido

escarcha — partes diminutas de hielo que se forman cuando el vapor de agua se condensa a bajas temperaturas

evaporarse — convertirse de líquido a gas, como el vapor de agua

gas — una de las formas de la materia. Un gas no tiene forma propia. Se expande hasta ocupar el recipiente que lo contiene, y generalmente no es visible

glaciares — ríos de hielo que se desplazan con lentitud

humedad — cantidad de vapor de agua en el aire

líquido — una de las formas de la materia. Un líquido no tiene forma propia, sino que toma la forma del recipiente que lo contiene

manantial — salida del agua desde una capa subterránea de roca

precipitación — agua caída de las nubes. Puede ser lluvia, nieve, aguanieve o granizo

residuos contaminantes — restos de la actividad humana que son dañinos para los seres vivos

sólido — una de las formas de la materia. Un sólido tiene forma propia. Esta forma puede cambiarse, pero un sólido no cambia de forma por sí mismo

vapor — algo que está en forma de gas

Más información

Libros

Las hojas/Leaves. Plantas/Plants (series). Patricia Whitehouse.
(Heinemann)

Lagos. ¿Conoces la Tierra? Geografía del mundo (series).
JoAnn Early Macken. (Weekly Reader Early Learning Library)

Mares. ¿Conoces la Tierra? Geografía del mundo (series).
JoAnn Early Macken. (Weekly Reader Early Learning Library)

Ríos. ¿Conoces la Tierra? Geografía del mundo (series).
JoAnn Early Macken. (Weekly Reader Early Learning Library)

Índice

Información sobre el autor

Jim Mezzanotte ha escrito muchos libros para niños. Jim vive
en Milwaukee con su esposa y sus dos hijos.